Rosa Parks

UNA VIDA DE VALENTÍA

por Ann-Marie Kishel

ediciones Lerner • Minneapolis

Traducción al español: copyright © 2007 por ediciones Lerner
Título original: *Rosa Parks: A Life of Courage*
Texto: copyright © 2006 por Lerner Publications Company

La edición en español fue realizada por un equipo de traductores nativos de español de translations.com, empresa mundial dedicada a la traducción.

ediciones Lerner
Una división de Lerner Publishing Group
241 First Avenue North
Minneapolis, MN 55401 EUA

Dirección de Internet: www.lernerbooks.com

Las palabras en **negrita** se explican en un glosario en la página 31.

Agradecimientos de fotografías

Las imágenes presentes en este libro se utilizan con autorización de: © Reuters/CORBIS, pág. 4; Biblioteca del Congreso, págs. 6, 12; Colección de Archivos, Biblioteca Pública de Birmingham, Birmingham, AL, págs. 7, 11; © Don Cravens/Time Life Pictures/Getty Images, págs. 8, 18, 20, 21; © Bettmann/CORBIS, págs. 10, 17, 22; © AP|Wide World Photos, págs. 13, 14, 16; © Centro Schomburg para la Investigación de la Cultura Negra, pág. 23; © Grey Villet/Time Life Pictures/Getty Images, pág. 24; © Herb Snitzer/Time Life Pictures/Getty Images, pág. 25; © Tom y Dee Ann McCarthy/CORBIS, pág. 26. Portada: División de Fotografías e Impresos, Centro Schomburg para la Investigación de la Cultura Negra, Biblioteca Pública de Nueva York, Fundaciones Astor, Lennox y Tilden.

Library of Congress Cataloging-in-Publication Data

Kishel, Ann-Marie.
    [Rosa Parks. Spanish]
    Rosa Parks : una vida de valentía / por Ann-Marie Kishel.
      p. cm. – (Libros para avanzar)
    Includes index.
    ISBN-13: 978-0-8225-6239-9 (lib. bdg. : alk. paper)
    ISBN-10: 0-8225-6239-1 (lib. bdg. : alk. paper)
    1. Parks, Rosa, 1913–2005–Juvenile literature. 2. African American women–Alabama–Montgomery–Biography–Juvenile literature. 3. African Americans–Alabama–Montgomery–Biography–Juvenile literature. 4. Civil rights workers–Alabama–Montgomery–Biography–Juvenile literature. 5. African Americans–Civil rights–Alabama–Montgomery–History–20th century–Juvenile literature. 6. Segregation in transportation-–Alabama–Montgomery–History–20th century–Juvenile literature. 7. Montgomery (Ala.)–Race relations–Juvenile literature. 8. Montgomery (Ala.)–Biography–Juvenile literature. I. Title. II. Series.
    F334.M753K5718 2007
    323.092–dc22
                         2006006697

Fabricado en los Estados Unidos de América
1 2 3 4 5 6 – JR – 12 11 10 09 08 07

Contenido

Rosa Parks

Una vida de valentía

¿Tienes el **valor** para luchar por lo que está bien? Rosa Parks tenía valor. Defendió sus **creencias**. Luchó por los derechos de los negros. Rosa ayudó a cambiar el trato que recibían los negros en los Estados Unidos.

Rosa nació en 1913. Durante su juventud, había **leyes de segregación**. Estas leyes separaban a los blancos de los negros.

Sólo los blancos podían usar esta máquina de refrescos.

Hasta los autobuses estaban **divididos**.
Para cuando Rosa fue adulta, se había
cansado de la segregación.

Los negros se tenían que sentar en los últimos
asientos de los autobuses.

Rosa espera el autobús.

El viaje en autobús

Una noche, en 1955, Rosa se subió a un autobús en Montgomery, Alabama. Volvía a casa del trabajo. Vio un asiento vacío y se sentó.

Pronto, la sección del autobús para los blancos se llenó. Más blancos se subieron al autobús. No había asientos vacíos para ellos.

El conductor les dijo a los negros de la fila de Rosa que se levantaran. No había otros asientos para ellos tampoco. Tenían que viajar de pie.

Los negros no podían usar los asientos de la sección para blancos.

Las otras tres personas de la fila se fueron a la parte trasera del autobús. Rosa no se movió. El conductor le preguntó si iba a levantarse.

Rosa estaba cansada de que la trataran injustamente.

Rosa dijo: "No, no me voy a levantar".
El conductor llamó a la policía. Los
oficiales llegaron y la **arrestaron**.

La policía tomó las huellas digitales a Rosa.

El arresto

Los oficiales llevaron a Rosa a la estación de policía. Rosa les dijo que no tenía que ceder su asiento a personas blancas. Les preguntó por qué echaban a los negros de todas partes.

Rosa tenía valor. Sabía que debía calmarse y no discutir con la policía.

La policía fotografió a Rosa.

Más tarde, Rosa fue a la **corte** con su abogado. El juez le dijo que tenía que pagar $14 por violar la ley.

Rosa tenía un abogado para ayudarla en la corte.

Las personas se reunieron para hablar sobre
lo que le había pasado a Rosa.

La reacción de la comunidad

La gente se enteró de lo que le había pasado a Rosa. Hablaron sobre cómo podían cambiar la manera en que se trataba a los negros. La comunidad negra decidió dejar de viajar en autobús hasta que la segregación terminara.

Los negros tuvieron que buscar otras formas de ir a trabajar. Pocos tenían automóviles. Muchos iban a pie, compartían el auto o tomaban un taxi.

Muchas personas tuvieron que compartir automóviles.

Era difícil ir a muchos lugares sin viajar en autobús. Sin embargo, era importante defender sus derechos.

Estas personas iban a pie al trabajo y a la escuela.

Algunos blancos no querían que las cosas cambiaran. Querían que los negros y los blancos siguieran separados.

Una mujer blanca impide que entren negros a un restaurante.

En esta tienda no atendían a clientes negros.

Los dueños de algunos negocios
querían la segregación. Siguieron
atendiendo sólo a gente blanca.

Sólo los blancos viajaban en autobús.

Los autobuses iban casi vacíos. Aun
así, la empresa de autobuses no
cambió sus reglas.

Algunas personas que deseaban el fin de la segregación perdieron su empleo. Les fue difícil encontrar otro. Rosa perdió su empleo.

Este joven busca empleo.

Las leyes cambiaron para que todos pudieran
sentarse en cualquier asiento del autobús.

¡Éxito!

Los negros se negaron a viajar en autobús en Montgomery durante 381 días. Estaba claro que no permitirían que los trataran injustamente. Finalmente, la **Corte Suprema** anuló la segregación en autobuses. El valor de Rosa ayudó a cambiar la forma en que se trataba a los negros.

CRONOLOGÍA DE
ROSA PARKS

1913

Rosa Parks nace en Tuskegee, Alabama.

1955

Es arrestada por negarse a ceder su asiento en un autobús en Montgomery, Alabama.

1943

Se une a la Asociación Nacional para el Avance de las Personas de Color (NAACP).

1956

La Corte Suprema ordena que no puede haber segregación en los autobuses.

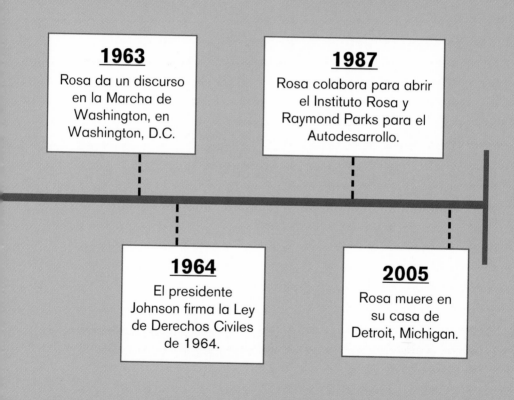

1963
Rosa da un discurso en la Marcha de Washington, en Washington, D.C.

1987
Rosa colabora para abrir el Instituto Rosa y Raymond Parks para el Autodesarrollo.

1964
El presidente Johnson firma la Ley de Derechos Civiles de 1964.

2005
Rosa muere en su casa de Detroit, Michigan.

Más sobre Rosa Parks

- Cuando Rosa Parks tenía diez años, un niño blanco le dijo que la iba a golpear. Rosa se defendió. El niño se fue corriendo.

- Rosa Parks es recordada como la madre del movimiento a favor de los derechos civiles, por su valor en la lucha contra la segregación.

- La NAACP originalmente se creó para defender los derechos civiles de las personas de raza negra. Actualmente trabaja para defender los derechos civiles de todos los estadounidenses. Rosa se afilió en 1943.

Sitios Web

Academy of Achievement: Rosa Parks
http://www.achievement.org/autodoc/page/par0bio-1

Library of Congress: Rosa Parks was Arrested for Civil Disobedience
http://www.americaslibrary.gov/cgi-bin/page.cgi/jb/
modern/parks_1

The Time 100: Rosa Parks
http://www.time.com/time/time100/heroes/profile/parks01.html

Glosario

arrestar: enviar a una persona a la cárcel por violar la ley

corte: habitación o edificio donde se atienden casos legales

Corte Suprema: la corte federal más alta de los Estados Unidos

creencias: lo que una persona acepta como cierto

dividir: separar en dos o más partes o grupos

leyes de segregación: leyes que decían que los negros y los blancos debían estar separados

valor: ser capaz de enfrentar peligros o dificultades con valentía

Índice